A Terapia do Beijo

Dr. Eduardo Lambert

Ilustrações de João Alves da Silva

A Terapia do Beijo

EDITORA PENSAMENTO
São Paulo

Copyright © 2000 Dr. Eduardo Lambert.

Todos os direitos reservados. Nenhuma parte deste livro pode ser reproduzida ou usada de qualquer forma ou por qualquer meio, eletrônico ou mecânico, inclusive fotocópias, gravações ou sistema de armazenamento em banco de dados, sem permissão por escrito, exceto nos casos de trechos curtos citados em resenhas críticas ou artigos de revistas.

Edição	O primeiro número à esquerda indica a edição, ou reedição, desta obra. A primeira dezena à direita indica o ano em que esta edição, ou reedição foi publicada.	Ano
5-6-7-8-9-10-11-12-13		04-05-06-07-08-09-10

Direitos reservados
EDITORA PENSAMENTO-CULTRIX LTDA.
Rua Dr. Mário Vicente, 368 – 04270-000 – São Paulo, SP
Fone: 6166-9000 – Fax: 6166-9008
E-mail: pensamento@cultrix.com.br
http://www.pensamento-cultrix.com.br

Impresso em nossas oficinas gráficas.

*A todas as pessoas que almejam
conhecer o carinho do beijo
para beijar com amor, amizade e fraternidade.*

Agradecimento

À minha filha Gabriela,
um beijo no coração.

Sumário

Prefácio	10
Introdução	14
Aspectos Históricos	16
A Fisiognomonia do Rosto	20
A Boca: Fisiologia e Patologias	22
Psicologia da Boca: a Fase Oral	24
A Química e a Física do Beijo	26
A Função da Boca à Luz da Psicanálise	28
O Mecanismo do Beijo	29
A Linguagem do Beijo	30
O Beijo e as Regiões Erógenas	32
O Beijo Desperta a Bela Adormecida	34
A Essência e as Aparências	36
O Beijo é o Fiel da Balança do Amor	38
Os Tipos de Beijos	40
O Primeiro Beijo de Amor	50
O Beijo de Amizade	52

O Beijo Fraterno 53
O Beijo Erótico 54
O Beijo Francês 55
O Beijo Romântico 56
O Beijo Água-com-Açúcar 58
O Beijo Tântrico 61
O Beijo e o Ato Amoroso 62
O Beijo no Leito do Amor 63
Ame-se, Estime-se e... Beije-se 65
Sonhos com Beijos 67
O Doce Beijo 68
Beijar, Beijar, Beijar... 70
A Arte de Beijar 72
Os Benefícios do Beijo 74
Os Terapeutas do Beijo 75
Romeu e Julieta 78
O Autor 80

Prefácio

São inquestionáveis a importância e os benefícios de um gesto de afeto, carinho e ternura para o ser humano.

Ninguém pode negar que, de um modo geral, as pessoas andam muito carentes nesse particular.

E podemos dizer que todos nós temos as nossas carências. Mas, em primeiro lugar, as pessoas estão carentes de si mesmas, porque não estão amando a si mesmas; estão faltando esse amor, essa estima, esse respeito e essa valorização de si mesmo. E se não tivermos amor por nós mesmos, ninguém vai nos considerar ou nos valorizar.

Na ausência dos gestos de auto-estima, de autoconhecimento, falta às pessoas se amarem e se tocarem, num gesto de sublime encontro, pois o corpo é o templo da mente e a mente é o templo da alma.

E, como as pessoas não se amam nem se tocam, elas têm necessidade do toque de outras pessoas, um toque que tem um sentido afetivo carencial e uma finalidade terapêutica. Nestas horas, palavras de apoio, um abraço, uma forma de carinho e um beijo afetuoso realmente proporcionam paz e bem-estar.

No dicionário, com referência ao beijo, encontramos:

Beijo. Do latim *basium*. Ato de tocar com os lábios alguém ou alguma coisa. Pouso dos lábios em. Ósculo.

Beijar. Do latim *basiare*. Dar beijo em. Oscular. Pousar os lábios em. Tocar de leve. Roçar.

Beijinho. Beijo leve, terno.

Beijoca. Beijo em que os lábios se abrem fazendo ruído, estalido.

Beijocar. Beijar amiúde e com ruído, dar beijocas em. Cariciar. Beijar repetidas vezes e com estalido, bicotar. Trocar beijos ruidosos.

Beijoqueiro. Aquele que é dado a beijar ou a beijocar, beijador.

Palavras de apoio, um abraço, uma forma de carinho e um beijo afetuoso realmente proporcionam paz e bem-estar.

Aliando-se a teoria à prática, interessa-nos o beijo como aplicação dos lábios sobre alguém, na pele ou na mucosa, numa atitude que revela a clara expressão de um sentimento de afeição, dádiva e respeito. Nossos lábios se contraem, se alongam, tocam, soltam um estalido característico e se afastam, realizados e felizes.

É um ato ou gesto de comunicação, uma linguagem universal que envolve o tocar, o pousar os lábios, gerando o tão significativo beijo, onde a boca é o arco, os lábios são a corda e a língua a flecha que atinge o alvo.

É um gesto superior ao simples cumprimento com as mãos ou com um aceno, porque quando se dá um beijo, este exprime todo o gestual do corpo, e pode até dar um bom motivo para um abraço e para outras atitudes que se seguem como numa sinfonia de gestualidade da manifestação do sentimento.

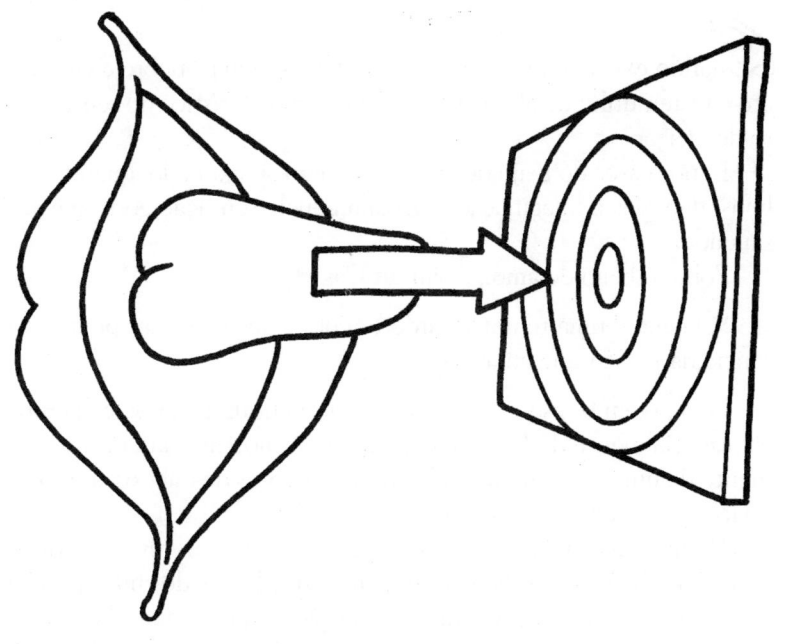

*A boca é o arco, os lábios são a corda e a língua
a flecha que atinge o alvo.*

Introdução

Quando existe amor ou amizade, o beijo é o mais nobre e elevado ato e testemunho de afeto, é o traço mais característico do sentimento de afeição.

E, nos casos do beijo de amor e do beijo apaixonado, quando são bons, dão asas à imaginação e deixam aquela sensação gostosa e até saudade.

Sobre o beijo de amor, assim diz Casanova:

"O beijo é uma tentativa ardorosa de se absorver e inspirar a essência da pessoa que amamos."

Não podemos esquecer os beijos sem nenhuma conotação erótica, especialmente do Leste Europeu, ou o beijo entre atletas no momento de uma comemoração, beijos decorrentes de hábitos contra os quais não devemos ter preconceitos.

Da mesma forma, nos Estados Unidos muitos pais têm o costume de dar um beijo suave, leve e respeitoso nos lábios dos filhos, como demonstração de afeto, carinho e proteção, o que é muito bonito.

Também devemos registrar o beijo diferente dos esquimós, entre os quais essa manifestação de afeto e de amor se resume no roçar os narizes do casal.

Podemos beijar com a imaginação, com o olhar, com o nariz, com os cílios, mas é com o beijo na boca que nós atingimos, devido à complementação por semelhança, o ápice, o cume da montanha do prazer.

Portanto, é muito importante beijar com vontade e beijar corretamente. Para quem não sabe, é muito bom ir aprendendo a beijar para desfrutar dessa doce magia do relacionamento, pois o beijo é a quintessência do amor.

Um beijo suave, leve e respeitoso nos lábios dos filhos, como demonstração de afeto, carinho e proteção.

Aspectos Históricos

O primeiro beijo que recebemos foi o sutil Sopro Vital do Criador, que com Amor, através da Respiração Divina, nos deu o Sublime Beijo criando nossas almas e nossas vidas.

Na Suméria, as pessoas, olhando para o alto, enviavam beijos alados, soprando-os para os deuses no céu.

Portanto, desde a Antigüidade o beijo maternal, da mãe no filho, atingiu os homens e as mulheres. Entre os gregos e os romanos, esse beijo era comum entre familiares, pais, filhos, irmãos e até entre amigos muito íntimos ou entre o guerreiro que voltava da guerra e o seu preferido, apresentando, às vezes, uma conotação erótica.

Entre os persas, o beijo na boca era de saudação e os beijos eram trocados entre pessoas da mesma classe social.

Na Idade Média, séculos XII e XIII, a saudação entre os religiosos cristãos tornou-se o beijo de paz, que simbolizava a caridade e unia os cristãos durante a missa. O beijo de paz também era utilizado pela Igreja nas cerimônias de ordenação, na recepção de noviços, na missa, etc.

Entre o senhor feudal e seu vassalo, o beijo na boca foi adotado pela nobreza, pois representava o contrato ou o pacto vassálico, que selava a nova união, a constituição de uma nova comunidade familiar.

Em geral, o beijo em público constituía como que um monopólio do sexo masculino, e se restringia à intimidade, ao beijo de amor dos que se amavam.

No século XIV, o uso do beijo nas comemorações públicas e religiosas diminuiu, passando a ser proibido e até condenado ou tido como suspeição de infâmia. Assim os fiéis passaram a beijar o osculatório e

O beijo na boca foi adotado pela nobreza, pois representava o contrato ou o pacto vassálico, que selava a nova união.

somente os clérigos da Igreja mantiveram o costume do beijo nos lábios para as cerimônias.

Entre os burgueses, o beijo de saudação passou a ser dado na face. Entre os nobres, o beijo ainda continuou na forma que hoje conhecemos, isto é, diretamente nos lábios.

Os povos árabes

No século XVII, os homens abandonaram o uso do beijo, passando para a prática do abraço cerimonial. E os religiosos também adotaram o beijo nos pés, o beijo nas mãos, até chegarem ao aperto de mão e ao abraço de paz. Com isso, o beijo foi ficando restrito ao seu espaço real, ou seja, à intimidade do casal.

Até que, no século XIX, surge o Romantismo, um movimento de escritores que abandonam o estilo dos autores clássicos e adotam o individualismo, o lirismo, a sensibilidade, a imaginação, as fantasias, os sonhos, com o predomínio da poesia sobre a razão.

Os amarelos

Surgem então os romances de amor, com a mulher ocupando o papel de donzela, virgem, pura e imaculada, entregando-se à dominação masculina nos braços fortes do homem, machão, varão, viril, que dela se apodera e a beija.

Os indianos

Mais tarde, com o aparecimento do feminismo, a mulher assume um papel cada vez mais importante, mostrando sua capacidade e seu real valor.

Os romances inspirados por essa literatura foram muito bem aproveitados, principalmente pelo cinema americano, que exerceu influência marcante em todo o mundo, não só nos países do Ocidente, mas em povos nos quais o beijo como o conhecemos não fazia parte dos costumes locais, tais como os negros, os amarelos, os povos árabes e os indianos. Atualmente, a telinha também exerce importante papel na divulgação desse lindo, delicioso e prazeroso fruto do relacionamento humano.

Os negros

A Fisiognomonia do Rosto

Dentre as partes do corpo humano, o rosto é a área de máxima expressão. As expressões faciais são inúmeras, variam de pessoa para pessoa, e muitas pessoas podem até usar uma segunda face ou uma máscara, para esconder sua verdadeira identidade, como lobos que se escondem sob a pele de um carneiro.

Além do choro, do riso e do sorriso, do olhar e das caretas, o beijo é o mais completo gesto da face e o que apresenta a máxima expressão de doação e recepção instantâneas, pois provoca em quem o recebe uma reação igual ou mais entusiasmada, que nunca é a mesma de parte a parte.

Na *facies* ou no semblante das pessoas, se prestarmos atenção, tudo se mostra às claras, desde as qualidades até os defeitos ou características negativas. Assim como na planta dos pés, na palma das mãos, na orelha e na íris, o nosso corpo está representado na nossa face ou no nosso rosto, apresentando correspondências nas quais a boca e os lábios têm um simbolismo próprio, sendo que o lábio superior representa a sensibilidade e o inferior a sexualidade.

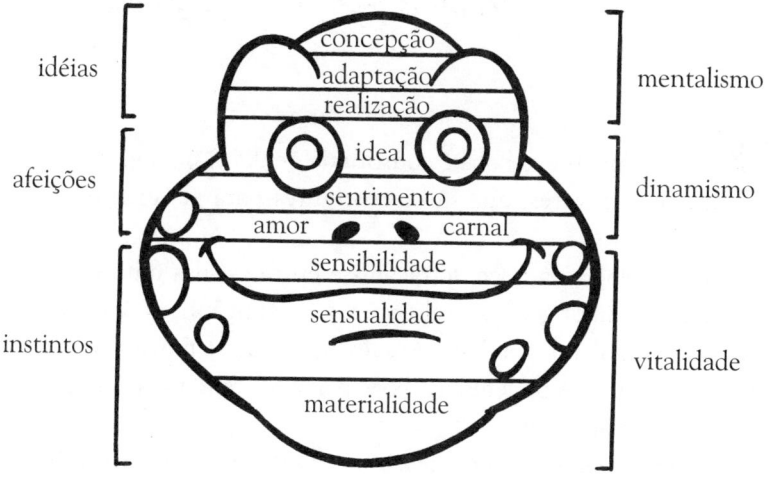

A Boca: Fisiologia e Patologias

Anatomicamente, a boca é constituída de dentes, gengivas, língua e glândulas salivares, que são importantes para ela executar suas funções.

Na Fisiologia da boca destacam-se entre as suas funções: a alimentação (a mastigação, a salivação, a deglutição), a comunicação gestual e verbal, onde os lábios e a língua atuam se movimentando e, além de emitir, de preferência, boas palavras, tem a boca a sublime função de gerar o beijo.

É bom lembrar aos beijoqueiros que as doenças da boca estão relacionadas com os distúrbios das funções da boca no que diz respeito à oralidade, como as inflamações, as infecções, aftas, gengivites, estomatites, parotidite, herpes, piorréia e até a doença do beijo...

Por isso, é tão importante a higiene bucal preventiva, para se evitar o mau hálito, que pode se tornar um grande obstáculo aos beijos tão desejados e sonhados.

Portanto, é preciso beijar com consciência e responsabilidade.

*É importante a higiene bucal preventiva,
para se evitar o mau hálito.*

Psicologia da Boca: A Fase Oral

Assim como a alimentação atende ao instinto de autoconservação, a sexualidade atende ao instinto de conservação da espécie, enquanto a libido é a energia sexual do instinto de nutrição, do crescimento, do desenvolvimento e da reprodução.

A sexualidade existe desde que nascemos; ela desponta na infância, germina na puberdade e atinge a maturidade quando nos tornamos adultos.

A falta de amamentação, a insatisfação ou a privação brusca ou precoce do seio materno gera um sentimento de perda, acarretando uma oralidade incompleta, insatisfeita.

Assim, podem aparecer alguns hábitos decorrentes e ligados à sucção que não foram satisfeitos, como a criança chupar o dedo, roer as unhas, cutucar o nariz e os ouvidos, etc. Segundo Jung, esses hábitos, no adulto, podem se tornar uma tendência ou até um vício, que espera ser compensado por uma satisfação oral através da alimentação, do álcool, do fumo, de drogas, dos jogos, ou pode ser sublimado, por exemplo, numa aptidão especial para a música, na qual a preferência recai sobre os instrumentos de sopro.

*Dentre os hábitos não-satisfeitos ligados
à sucção está o cutucar do nariz.*

A Química e a Física do Beijo

O beijo completo e profundo utiliza 29 músculos, sendo 17 linguais.

Durante o beijo completo ocorre uma troca de substâncias, sendo 9 mg de água, 0,7 de albumina, de substâncias orgânicas, 0,711 mg de matérias gordurosas, 0,45 de sais minerais, hormônios, bactérias e vírus.

Paralelamente, é interessante saber que tudo o que nos dá prazer e alegria, como o riso e o beijo, aumentam no cérebro a produção de endorfinas, substâncias da família das morfinas, que nos dão uma grande sensação de bem-estar, sendo por isso chamadas de "hormônios" da felicidade.

A toda ação corresponde uma necessidade calórica. Quando beijamos, queimamos calorias. As pessoas que se amam intensamente parecem indicar que se alimentam de amor, porque comem tão pouco ou quase nada. Por isso, uma relação sexual completa, longa e prazerosa pode ser receitada para substituir, com vantagem, qualquer regime alimentar, pois uma hora de amor representa a queima de, pelo menos, 600 calorias.

Uma relação sexual completa, longa e prazerosa pode ser receitada para substituir, com vantagem, qualquer regime alimentar, pois uma hora de amor representa a queima de, pelo menos, 600 calorias.

A Função da Boca à Luz da Psicanálise

Desde que nascemos, a boca se evidencia como o nosso primeiro órgão de comunicação que nos permite contatar, tocar o mundo exterior, sentir a realidade. É através dela, através da amamentação no protetor seio materno, nesse contato íntimo, que recebemos as primeiras informações de gratificação, satisfação, prazer, alegria e amor.

Devido à facilidade de aderência dos lábios, como se fosse uma ventosa, quando beijamos nós sugamos, talvez para reviver o ato da amamentação ou talvez por um desejo inconsciente de sentir nos lábios a mama e, na língua, o mamilo oferecendo-nos o sumo, a quota de afeto tão importante para suprir nossa carência de contato e de amor. Quem sabe, também por esse motivo, gostamos tanto, tanto de beijar...

O Mecanismo do Beijo

Um beijo não acontece por acaso. É necessário que exista um motivo e que haja uma razão para acontecer esse tão belo gesto, que é precedido de um ritual de aproximação. E o motivo pode ser o amor, a amizade, a saudação, a fraternidade, a saudade, etc.

No caso do beijo de amor, participam a visão, o olfato, a audição, o tato e a gustação, razão pela qual, no beijo completo e profundo, a língua participa com seus múltiplos movimentos, pois é o órgão do paladar. Quanto maior e melhor o beijo, maior é a participação de todos os órgãos dos sentidos, que propiciam um grande aumento das sensações, solicitando a participação de todo o corpo.

O perfume do hálito, o odor da respiração, o aroma da boca, o gosto dos lábios que, ansiosos, procuram um ao outro inebriados pela eternidade do momento de entrega ao primeiro ato físico ou toque de amor. E, de tudo o que nos dá satisfação, o beijo é o que nos dá o maior prazer, razão pela qual muitas pessoas até o preferem a uma relação sexual.

A Linguagem do Beijo

De repente, da boca, onde nasce a fala com múltiplas palavras, surge o melodioso silêncio do beijo, que a cala...

O beijo fala uma linguagem universal, sem palavras, na qual o silêncio é suavemente rompido pelos seus próprios sons. É a linguagem do sentimento de amizade, de fraternidade ou de amor que substitui as palavras, ou pode vir com elas transmitindo afeto, constituindo-se no prazer sublime dos lábios, irradiando amizade, apoio ou amor.

No caso do beijo amoroso, a participação da língua evoca também o envolvimento do corpo que participa com a dança de se sentir, de se tocar e de se entregar na plenitude das sensações.

A boca é o instrumento da fala, da comunicação e da sobrevivência, pois é pela boca que nos alimentamos; mas ela atinge sua realização total no beijo afetuoso, terno, amoroso.

E o beijo atinge seu esplendor e sua razão de ser, de existir, quando é dado com os sentimentos mais puros de amor. O beijo de amor é uma forma de a boca exercer sua função de comunicar afeto, carinho, ternura e erotismo, numa demonstração da relação que existe entre oralidade e sensualidade.

Disse um pensador: "O beijo é a rima de duas bocas." Realmente, o beijo é um contato físico numa das regiões mais sensíveis do corpo.

O Beijo e as Regiões Erógenas

É impossível não falar em sexualidade quando se fala do beijo. O beijo pode ser dado em qualquer região do corpo, mas é na boca que ele atinge a máxima complementação, pois a boca é uma região erógena por excelência.

Áreas ou zonas erógenas são regiões eróticas do corpo bem supridas de terminações nervosas em extremo sensíveis que reagem aos estímulos táteis e transmitem o impulso nervoso aos centros de excitação na medula ou no cérebro, gerando sensações que ajudam na escalada até o prazer sexual ou orgasmo.

As zonas erógenas primárias são os órgãos genitais femininos e masculinos, a boca e as mamas. Secundariamente, destacam-se os lábios, os lobos das orelhas, o pescoço, a nuca, as axilas, os mamilos, as nádegas, as coxas, os ombros, os joelhos, as dobras das articulações e outras regiões que devem ser descobertas pela boa exploração, como se garimpássemos uma mina de ouro e diamantes do mais alto quilate.

Contudo, qualquer área do corpo pode ser um ponto erótico, dependendo apenas da qualidade da excitação feita e das características de cada pessoa. Assim, a toda excitação deve corresponder uma satisfação, para que se atinja o prazer maior cujo ponto máximo é o orgasmo.

E, por ser a boca uma área do corpo rica em erotismo, ela só pode chegar ao máximo de suas possibilidades sensuais quando encontra outra boca desejosa de encontrar o seu par ideal.

O Beijo Desperta a Bela Adormecida

Com os contos de fada, a mulher aprendeu desde a infância a acalentar o sonho de encontrar o Príncipe Encantado que, com um beijo, quebrará o encanto e a despertará para o amor e para a vida, assim como o homem espera pela Bela, que um dia lhe dará amor, transformando-o de Fera em Príncipe.

Às vezes, adormecidos e entorpecidos pela vida, de repente um beijo pode nos despertar para a realidade, como nos contos de fada.

Um beijo pode despertar o que é belo, nos acordar para o amor tão ansiosamente esperado em nossos sonhos mais íntimos.

Quando beijamos de olhos abertos é porque queremos ver a pessoa amada, sentir suas reações. De olhos fechados, pode-se dar mais vazão à imaginação; mas existem pessoas que aproveitam para fechar os olhos só para pensar numa terceira pessoa, formando assim um triângulo amoroso no qual, embora em pensamento, não está ausente o componente da traição.

O beijo reflete o nível da relação que existe entre as pessoas que se entregam a esse gesto tão importante e gratificante.

E quando o beijo é pra valer, associam-se a ele o abraço e outros gestos, como o olhar, o riso, o sorriso, o toque, a tão essencial carícia, o abraço, enfim, a entrega total.

A Essência e as Aparências

Sabendo que as aparências podem nos enganar, devemos sempre nos lembrar do que disse Exupéry: "O essencial é invisível para os olhos; só se vê bem com o coração."

As pessoas andam carentes até de amor por si mesmas e muita gente se aproveita disso para levar vantagem. Desatenciosas ou superficiais, elas se esquecem da essência do ser humano, que é a beleza da alma; e assim, julgando as coisas e as pessoas pela aparência, imaginam uma atração que não existe e se perdem no desengano. De repente, estão se abraçando, se beijando, se entregando a fugazes momentos de prazer que fatalmente levarão a um relacionamento

efêmero, sem a necessária participação das almas, um ledo engano que, finalmente, leva a um sentimento de culpa e sofrimentos desnecessários.

Como diz um grande pensador:

"A experiência é a escola dos insensatos"; portanto, é melhor parar, pensar e refletir para tomar uma decisão mais sábia e coerente fundamentada na razão.

Assim como a criança, a partir de uma certa idade, se recusa a beijar as visitas e a tomar a bênção dos mais velhos, a mulher moderna já se recusa ao beijo imotivado, negando-se a ser novamente objeto de uso nas mãos de outrem, e o faz por uma questão de respeito, por um mecanismo de defesa, pois essa recusa significa exigir o devido respeito, e não levar adiante esse tipo de relacionamento que beneficia apenas uma pessoa.

É interessante ressaltar que, entre os ingleses, o beijo de amor só ocorre após profundo conhecimento mútuo, quando existe confiança e afeto, não bastando somente a atração. É o que deveria acontecer com todas as pessoas de bom senso.

O Beijo é o Fiel da Balança do Amor

beijo é um sinal de alerta, um verdadeiro termômetro que mede a intensidade do amor e do afeto no relacionamento amoroso. O interesse que existe, a forma com que se passa o sentimento, de que maneira está fluindo o relacionamento; se é bom, é porque vem da alma, da qual emana o mais puro sentimento de amor.

Assim como o diálogo, quando o beijo vai diminuindo, escasseando, é sinal de que o sentimento está se acabando, se esvaindo pelos dedos das mãos, definhando. Algo não está indo bem, algo não está bom, algo de errado está acontecendo, situação que só pode ser resolvida com um diálogo sincero de esclarecimento.

Os Tipos de Beijos

Existem muitos tipos de beijos; na dependência da criatividade, outros existirão para dar muita alegria, felicidade e prazer. Existem até beijos falsos, que são negativos. Aqui nos interessam apenas os beijos positivos, verdadeiros e sinceros. Alguns beijos, devido à sua importância terapêutica, como veremos, merecem um capítulo à parte. Mas vamos conhecer os principais tipos de beijos, pois cada beijo tem sua história, significado, e pode suscitar um ou vários sentimentos e emoções que, desejamos, sejam benéficos.

- **Beijo Maternal/Paternal**: é aquele que é dado quando o bebê nasce, quando se deixa o filho à porta da escola, quando os filhos vão para a aula, quando os filhos vão dormir, quando saem ou retornam ao lar. De repente, vem aquele beijo gostoso da mãe ou do pai, no rosto ou levemente na boca, traduzindo fisicamente o amor, o afeto, o carinho e a proteção da família.

- Beijo de Amizade: é um beijo carinhoso, delicado, doce, de consideração e respeito, no rosto, geralmente acompanhado de um aperto de mão ou de um abraço, que representa apoio, carinho, consideração e segurança.

- **Beijo Sanduíche**: é um beijo para três pessoas, no qual duas pessoas beijam a do meio nos dois lados da face da homenageada, que fica entre as duas bocas amigas, carinhosas e felizes. Traz alegria, confiança, doçura e pode vir acompanhado de dois gostosos abraços, que completam esse gesto de carinho a três.

- Beijo Fraterno: é o beijo que damos numa pessoa carente, geralmente acompanhado de um olhar sincero, de palavras de apoio e de um abraço amigo, que tem a finalidade de mostrar que somos todos iguais e irmãos, que existem pessoas boas que querem ajudar e que vale a pena ter esperança e fé para lutar, viver e vencer. Esse beijo transmite sentimentos de familiaridade, igualdade, esperança, fé e coragem.

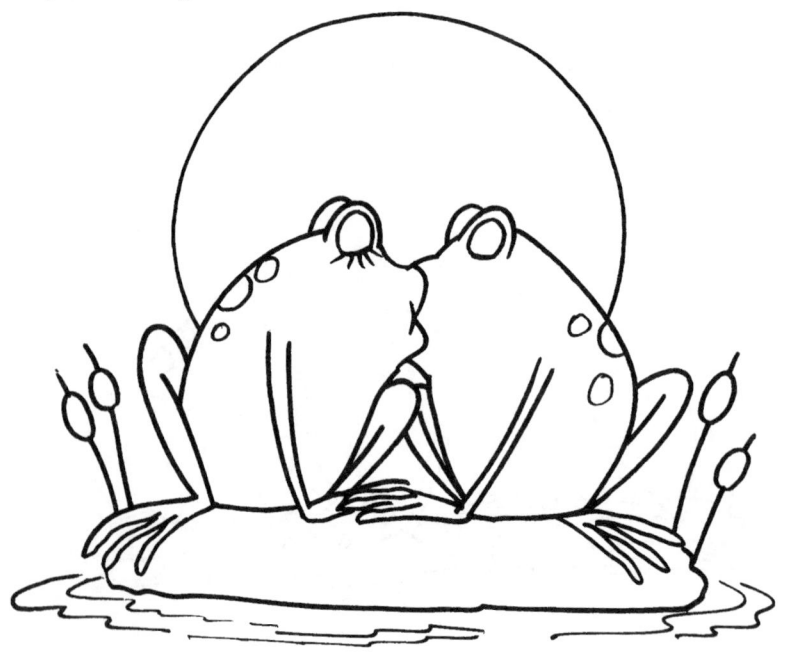

- **Beijo de Amor**: é o terno beijo que se dá quando se tem o puro sentimento de amor por uma pessoa especial. Somos movidos pelo afeto, pela admiração, pela amizade, pela confiança, pela atração. Esse beijo irradia carinho, ternura, compreensão, igualdade, companheirismo, cumplicidade, alegria, segurança e muitos outros sentimentos.

- Beijo Francês: é o beijo no qual o casal usa a língua para vasculhar a boca do parceiro numa dança de movimentos sincronizados e profundos. Significa atração, desejo, posse, integração e sexualidade.

- Beijo Americano: é o chamado beijo que, em geral, é dado de lábios fechados, ocorrendo após rápido conhecimento e não implicando nenhum compromisso. Indica superficialidade e é dado apenas como uma forma de cumprimento.

- **Beijo Inglês:** é o chamado beijo em que não basta somente a atração. Só ocorre depois que as pessoas se conhecem, sentem afeto e têm confiança mútua. Este tipo de beijo indica confiança, consideração e respeito.

- Beijo Água-com-Açúcar: é o beijo típico dos romances, por isso é chamado de açucarado, no qual o homem assume papel ativo, tomando a mulher nos braços e debruçando-se sobre ela que, passivamente, se inclina, se entrega ao herói devorador. Na realidade, esse beijo transmite dominação, machismo, sedução e proteção.

- **Beijo Nupcial**: é um beijo ritual, que o casal de noivos dá no altar, após a troca de alianças, para oficializar publicamente a união e que transmite confiança, compromisso, proteção e segurança.

- Beijo Firme: é o beijo forte, com as bocas num ângulo de 45 graus, podendo-se fazer a rotação de um lado ao outro do eixo fronto-vertical da face. Indica interesse, heroísmo, posse, volúpia, e quer dizer: "Eu tenho a força"...

- **Beijo de Saudade**: é um beijo misto e quase interminável; é o beijo do reencontro, de extrema saudade. Os dois quase se mordem, se comem e se engolem, porque é um beijo profundo para "matar a saudade".

- **Beijo de Mordida**: inicia-se beijando naturalmente e, de repente, vai dando água na boca e um começa a morder ou a mordiscar o outro devido à vontade de comer, engolir a outra pessoa. Irradia atração, desejo e posse.

- **Beijo Felino**: semelhante aos beijos dos gatos e cães, é o beijo de lambida.

- Beijos Repetitivos: são beijos dados em série, no rosto, na testa, no nariz, nos olhos, nas orelhas, no queixo, no pescoço, deixando a pessoa que os recebe atordoada, embevecida... Transmitem afeto e carinho.

- **Beijo de Nariz**: é aquele semelhante ao beijo das focas, muito utilizado pelos esquimós, um nariz roçando o outro. A vantagem é que, assim, você pode beijar falando "eu te amo". É evitado pela maioria dos homens.

- Beijo de Cumprimento ou Despedida: em geral é dado quando as pessoas se conhecem ou se despedem. Varia de 1 a 3 beijos na face; os franceses dão 4 beijos.

- **Beijo Respeitoso**: é aquele dado na fronte ou nas mãos. Irradia mesura, educação, fineza, consideração e respeito.

- **Beijo Soprado**: começou na Suméria, quando as pessoas enviavam beijos alados para os deuses no céu. É utilizado para se dar um beijo a distância, podendo-se colocá-lo na palma da mão, de onde, com um sopro, é enviado à pessoa amada.

- Beijo de Cheiro: quando uma pessoa fica aspirando o aroma da outra.

- Beijo Ritual: são os beijos de bom dia, boa tarde e boa noite. É o famoso "querida, cheguei".

- Beijo de Sucção: quando alternadamente uma pessoa aspira os lábios da outra.

- Beijo Relâmpago: dizem que o "apressado come cru", e quem dá esse tipo de beijo rápido também não sente o seu sabor. Somente é válido no caso em que se tem de cumprimentar várias pessoas.

- **Beijo na Testa**: é um beijo de proteção e respeito, que pode ser dado em adultos, sendo mais utilizado para se beijar bebês.

- Beijo Tântrico: é o beijo dado com os olhos nos olhos, toques suaves, carícias em vários lugares do corpo, com as mãos, com os lábios e com a língua. Alternando-se o doar e o receber em harmonia, visa a troca e a ampliação da energia transmitida pelo afeto, o amor e a sexualidade.

- **Beijo Aéreo**: algumas pessoas que só querem receber um carinho, na despedida ou quando se conhecem socialmente, oferecem o rosto para serem beijadas e não retribuem com beijos na face da outra pessoa, preferindo beijos estalados no ar.

O Primeiro Beijo de Amor

Geralmente, o primeiro beijo que recebemos é o terno beijo da nossa mãe; a seguir, o do nosso pai, beijos nos quais existe amor e proteção. O pai e a mãe são também as pessoas que recebem nossos primeiros beijos.

A seguir, a criança é obrigada a receber beijos e a beijar as visitas e outras pessoas, até que chega o dia em que ela se recusa a seguir esse costume, que faz parte da educação que lhe é dada. Passamos então a dar nossos beijos afetivos somente nas pessoas de quem gostamos, e agimos assim levados pelo nosso sentimento de amizade e afeto.

Até que um dia, por conta própria, ansiosos, damos o primeiro beijo numa pessoa especial, movidos pelo desejo de uma aproximação maior que nos complemente. O olhar, o sorriso, a fala, a admiração, o coração disparado, a tremedeira, a atração, a vontade de se tocar, o toque de mãos, a timidez extrema, as carícias na face, a vontade de beijar, a contração dos lábios, o biquinho que se faz e, afinal, o beijo.

Olhos nos olhos, rostos colados, assim, o primeiro flerte se completa no primeiro beijo, que de todos pode ser o mais inesquecível, pois representa o desejo de que o amor aconteça, de que o nosso sonho tão acalentado se realize, pois é um beijo de corações e almas.

Muito embora, para quem sabe beijar e conhece alguns segredos do beijo, se o beijo não for a sincera e verdadeira complementação do que se almeja, terá sido um simples beijo de reconhecimento e de estudo das possibilidades, que nos ensina a precaução para evitarmos o sofrimento, pois a verdade é que "beijo sem sabor é jarra sem flor" e "beijo com amor é um jardim de lindas e perfumadas flores".

O Beijo de Amizade

Às vezes, num momento em que precisamos de atenção ou de dar o tão importante apoio a uma pessoa amiga, as palavras já não bastam ou não saem. Nesse instante, nada melhor que um abraço e um beijo amigável de apoio, de confiança, de segurança, beijos que são verdadeiros toques terapêuticos essenciais, que podem devolver a esperança, a fé, a confiança, a calma e o bem-estar.

O beijo amigo é um beijo respeitoso, não tem conotação sexual e é dado com carinho, na face, na testa ou nas mãos. Sua mensagem é: "Precisando de mim, é só chamar. A qualquer dia ou hora, sempre estarei a seu lado, para o que der e vier."

O Beijo Fraterno

Existem pessoas que dariam tudo na vida pelo carinho de uma visita, por um olhar amigo, por um sorriso animador, por um abraço amigo e por um beijo de irmandade, de fraternidade ou de solidariedade, que transmita o sentimento de humanidade, familiaridade e que completa todos estes gestos.

É o que acontece com as pessoas verdadeiramente carentes, como as crianças abandonadas, os órfãos da vida, os velhinhos nos asilos e nas casas de repouso, os inválidos e os enfermos que precisam dessa energia de amor familiar universal, que pode até despertá-los para a esperança, a fé, a coragem, para a melhora e, quem sabe, até para a cura de seus males orgânicos, emocionais ou espirituais.

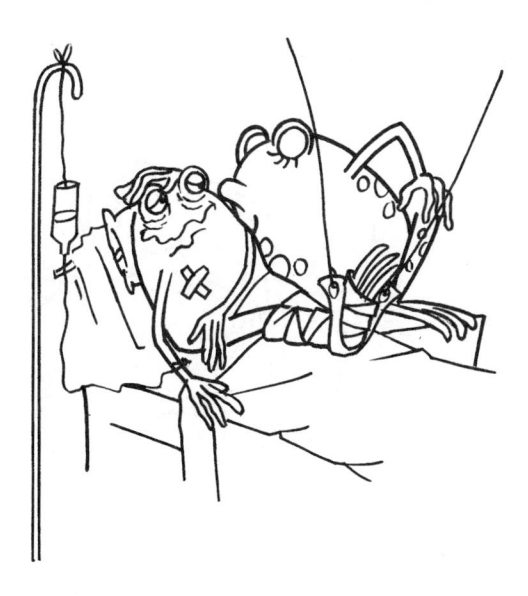

O Beijo Erótico

Em geral, todo beijo pode ter uma conotação erótica. Só que o beijo erótico é um beijo misto, pleno de múltiplas carícias essenciais que se tornam perfeitas quando existe amor. O beijo erótico pode ser dado de várias maneiras em todas as áreas erógenas que o casal permitir, desde as mais conhecidas até as mais incomuns.

A pressão e o esfregar com os lábios fechados, com a boca aberta movimentando a língua, lambendo, penetrando, sugando, chupando, apertando com os dentes, mamando, mordiscando, podendo ser rápido ou longo, ser suave ou com ardor, ser seco ou molhado, ser silencioso ou ruidoso. Esse tipo de beijo pode ser dado sozinho ou acompanhado de outras carícias, o que é bem melhor, com a participação de todos os órgãos dos sentidos — o tato, o cheiro, o gosto, a audição e a visão — que se unem para se chegar ao clímax do prazer.

O Beijo Francês

É o tradicional beijo de língua, um dos mais profundos, no qual o homem introduz a língua na boca da mulher e vice-versa. Com os corpos curvados, as línguas se movimentam, se procuram, se tocam, se acariciam, para aumentar a superfície de contato, um procurando a língua do outro, acariciando com a língua os dentes, as gengivas e onde alcançar no outro.

Realmente, de todos os lugares do corpo para se beijar, o melhor e o mais completo é a boca, com a participação dinâmica da língua, o par entreolhando-se, os braços enlaçando o corpo, as mãos tocando todo o corpo, que participa de toda a ação, tornando o beijo completo e realmente gostoso de se dar e receber.

O Beijo Romântico

A pessoa romântica é a sonhadora; vive num mundo de devaneios, de fantasia, de poesia.

Quando existe o romance, no jardim, num namoro sob a luz do luar, nasce o beijo romântico, que é um gesto de amor que não deve ser exigido ou imposto, mas que deve ser concedido de parte a parte, espontânea e naturalmente.

Olhares furtivos, sorrisos, carinhos, sussurros, chegam ao seu ponto máximo quando acontece o beijo, iluminado pelas palavras "eu te amo", que sempre devem preceder o ato de amor. Depois, para completar, vêm os passeios de mãos dadas, as danças, as brincadeiras que só acontecem entre casais de namorados.

Portanto, no beijo a dois deve existir uma relação harmônica de dádiva ou oferenda e de recepção concomitantes, simultâneas, de mútua troca, que representa o sentimento de admiração, de confiança, de atração, de desejo, de entrega, de cumplicidade, de alegria, de prazer, de êxtase, enfim, de felicidade.

O Beijo Água-com-Açúcar

Este beijo é uma variação do beijo romântico. É o beijo que surgiu nos primeiros romances e que se consagrou com os filmes que se inspiraram neles. A partir desse beijo inicial, surgiram as outras variantes do beijo cheio de romantismo.

Nesse caso, fica bem claro que o homem quer mostrar que existe a supremacia masculina, no qual ele tem o papel ativo, enquanto a mulher deve se entregar até com passividade, deixando-se envolver pelo irresistível aroma da sua atração. Esse é o ponto de vista do macho, quando o que ocorre é o contrário: é justamente o homem quem sucumbe aos encantos da mulher.

Esse é o beijo típico dos romances água-com-açúcar, nos quais o homem, de repente, com força e até com violência, como um herói, se apodera da mulher, enlaçando-a e tomando-a nos braços, apertando-a com volúpia e voracidade, inclinando-se sobre ela, dando-lhe beijos devoradores, enquanto a mulher oferece ao amado os lábios, rendendo-se ao abandono de uma total entrega.

— 60 —

O Beijo Tântrico

Originário do Tantra, filosofia oriental que valoriza o momento presente universal, o terapêutico beijo tântrico se caracteriza pelo encontro total de corpo e alma. O olhar, a respiração, os sentimentos, os sorrisos de cumplicidade, os toques suaves por todo o corpo, no rosto, nos cabelos, nos lábios, as palavras murmuradas num sussurro, o ambiente propício, a luz adequada, os perfumes, tudo contribui para que esse beijo se torne inesquecível, selando um pacto de amor entre o casal de namorados.

O beijo tântrico, no qual o leito é o templo do amor, permite uma maior integração física, uma conexão energética, uma interação de vibrações, uma troca de energias, uma vivência total do momento que passa, uma ligação maior com a Fonte Inesgotável do Amor Universal.

O Beijo e o Ato Amoroso

Assim como não se deve fazer amor sem o sentimento de amor a unir as pessoas, simplesmente fazer amor por fazer, visando um prazer e uma satisfação sexual puramente física, proveniente de um ato apenas mecânico, também não se deve beijar por beijar ou beijar sem amar, sem sentir amor.

Existe uma profunda razão para o beijo acontecer, pois o beijo é a ligação afetiva e amorosa, que desperta a atração e a vontade de união entre dois corpos. Até porque o beijo é o prenúncio da relação sexual, o gesto que antecede e prepara o ato do amor, ele deve ser fundamentado na confiança recíproca, para que haja uma verdadeira troca de energias revitalizantes.

E de todas as satisfações proporcionadas pela boca, o beijo é o que proporciona o maior prazer, razão pela qual, muitas vezes, as pessoas o acham melhor e até o preferem ao ato sexual.

O Beijo no Leito do Amor

Quando estamos fazendo amor, o beijo torna-se ainda mais gostoso. O beijo é a mais importante carícia que, fundamentalmente, representa o selo da união, a eternização de um momento de total entrega no templo do amor.

Os corpos se abraçando, se tocando, se possuindo, o suor se misturando, tudo isso gera uma alegria na alma e em todas as células do corpo. Os olhos sorriem, todo o corpo sorri, descontraindo-se com toda a alegria, ativando os "hormônios" do bem-estar, da alegria e da felicidade, as "endorfinas".

Nos jogos amorosos preliminares, é importante falar de perto, olhar nos olhos, sussurrar, namorar a boca para beijá-la no puro romance e desejo de possuir, passando à proteção, à volúpia, à atração, ao desejo de sugar a outra pessoa, de engolir e até de devorar o outro ser.

O sexo é o grande complemento do beijo. Por isso sempre deve ser prazeroso. Quando se ama, a entrega tem de ser total, desde o olhar, o toque, a exploração de cada parte do corpo, os abraços, o aconchego, o diálogo feito mais de silêncios que de palavras, a preocupação em proporcionar ao outro a felicidade, o prazer que se pretende sentir.

Ame-se, Estime-se e... Beije-se

Olhe-se no espelho, ame-se, beije-se, beije todas as partes do seu corpo que conseguir alcançar; ame a si mesmo se quer um dia ser amado e amar.

Para se conhecer a verdade, devemos analisar um olhar, todo o manancial de expressões, um sorriso, a boca, as palavras... Sim, as palavras...

"Não é o que entra pela boca, mas o que sai da boca que torna impuro o homem", disse um grande sábio. A boca fala aquilo de que está cheio o coração e a alma. Mas é preciso ficar atento para sentir a verdadeira mensagem que emana do coração.

As palavras, os gestos, as atitudes são subsídios que nos ajudam a conhecer aquela boca, aquela mente, aquela pessoa, aquela alma...

O beijo é o supremo encantamento, a mais nobre prova de afeto.

Quem ama bem beija bem, e o beijo sensual traduz o desejo de se entregar à pessoa que se ama, transformando o leito mais tosco, o quarto mais simples numa câmera preparada para núpcias reais. O beijo gostoso, sensual, verdadeiro é o mais autêntico prelúdio do ato de amor, que se completa na relação sexual e que leva os seres que se amam ao paraíso, ao êxtase de se entregar e de se pertencer um ao outro.

Sonhos com Beijos

Em geral, o beijo nos sonhos significa exatamente o que aparenta e o que se sente durante o sonho, ou seja, é o desejo de beijar ou de fazer amor. Mas existem mensagens que o inconsciente quer nos passar. Em geral, o beijo representa uma superestimação de nós mesmos, do nosso poder de conquistar em todos os sentidos.

No caso de beijos fugazes na bochecha ou em outros lugares do corpo, existe uma mensagem cifrada que está sendo enviada, tentando pedir algo que não se teve a coragem de dizer.

Sonho de beijo em criança mostra que se tem carinho por algum empreendimento novo; beijar o chão é abaixar-se perante aquela terra; beijar a mão é sinal de respeito; beijar os pés é submissão; beijar na boca é atração. Na mulher, o beijo pode ser o desejo de ser beijada pela pessoa amada ou o desejo de ter filhos, e significa afeto e comunicação. O beijo no rosto pode significar traição. Há histórias conhecidas que confirmam essa interpretação.

O Doce Beijo

O beijo é um carinho,
Um afeto especial,
Que acaricia, fascina
Desperta, alucina
Eleva e ilumina
Anima dá bem-estar
Faz brotar o desejo
A vontade de amar
Que alegra e faz sorrir
Até os olhos brilham
Nos faz sentir um achego
Aconchego e proteção,
Entontece e nos eleva
E até nos faz voar
Dando asas à imaginação
Sendo linguagem da alma
Excita, estimula o coração
A receber e a doar
Levanta o nosso astral
Deixa marcas sem igual,
Saboroso fruto do desejo
Efêmero e duradouro
Que nos lambe, suga,
Morde, devora, engole
Que inebria, entontece
E deixa o sabor solene
Lembranças e sensações
Que eternizam o momento
Universal de se amar.

Beijar, Beijar, Beijar...

Beijar é inspirar
Olhar, sentir, atrair
Os lábios contrair
A boca alongar
Para ficar mais perto
Poder tocar, viajar
Pousar os doces lábios
Aspirando a essência
Com o estalido do desejo
Dar o terno beijo
Que nos aproxima e nos une
Ao que nós muito amamos
Desde o céu, a terra, o mar
A lua, o sol, as estrelas
A natureza, as plantas
Os animais, as pessoas
Enfim, tudo, o Todo...
Beijar com respeito, ofertar
É receber, doar, trocar
E neste sublime tocar
Dar alegria, paz e bem-estar
Porque a obrigação da vida
É amar, amar, amar...
E qual flecha de Cupido
Beijar a pessoa amada
Com atenção, amizade, amor
Aceitação, carinho, respeito,
E o coração amado acertar
E beijar, beijar, beijar,
E viver, viver, viver,
E amar, amar, amar...

A Arte de Beijar

Como o "pedir as mãos", o beijo é algo muito sério, e não se deve beijar por beijar, por pura brincadeira, mas deve-se beijar para se externar o mais belo, puro e verdadeiro sentimento de amizade, fraternidade ou amor.

O beijo é muito gostoso, mas não se deve sair beijando por aí, simplesmente beijar por beijar ou porque beijar é bom.

E não se deve beijar com intenções de só levar vantagem, apenas com o interesse sexual de levar a outra pessoa para a cama, para descarregar as tensões nela, para satisfazer a impulsividade orgástica, que só vai protelar o dia do eterno, terno e doce prazer a dois, quando se cruzam as almas que são sinceras, eternas e verdadeiramente amantes.

Chega o que já ocorreu na Antigüidade e vem ocorrendo na atualidade, quando pessoas desavisadas ou desinteressadas estão tornando o próprio beijo algo muito vulgar.

Saber beijar é uma arte. Atores e atrizes podem beijar à vontade, porque, mais do que muita gente, geralmente não põem nenhuma maldade e levam o beijo a sério, não como um atalho, e sim como um sagrado instrumento de trabalho.

Atores e atrizes podem beijar à vontade.

Os Benefícios do Beijo

O beijo autêntico nos transmite uma mensagem de amor e paz. Ele une as pessoas. Ele pode nos dar a calma e acender a chama da amizade, da esperança, da fraternidade ou o fogo do amor.

Perante o Criador, somos criaturas iguais e podemos selar ou celebrar a amizade, a irmandade ou o amor com um tipo de beijo de acordo com o nosso sentimento.

O beijo alivia as nossas tensões, espanta a solidão, nos torna felizes, nos dá esperança de que as coisas vão melhorar, nos dá uma sensação de alegria, de bem-estar e prazer.

É muito gostoso dar ou receber um beijo, ou melhor ainda, muitos beijos, sinceros, afetuosos, amigos, verdadeiros.

Portanto, não nos esqueçamos de que o beijo é um toque terapêutico, um processo terapêutico de cura mútua, que desperta a nossa criança interior e pode até devolver a esperança de se voltar a amar e a viver.

Os Terapeutas do Beijo

Saber beijar é uma terapia que os casais que se amam devem praticar, estudando e aprimorando para se beijar cada vez melhor e propiciar cada vez mais a alegria, a felicidade e o prazer de um para o outro.

Portanto, são terapeutas do beijo todas as pessoas que beijam por amizade, por amor ou por solidariedade, com a intenção de despertar no outro essa energia equilibrante, harmonizante e unificante de todos os componentes universais, desde o nosso microcosmo ao macrocosmo: o Amor.

Aliado a boas palavras, a um olhar de aprovação, a um sorriso animador, a um abraço de irmandade e fraternidade, devem os terapeutas do beijo dar um beijo carinhoso de familiaridade, seja numa criança carente, num velhinho abandonado na rua, numa pessoa internada numa clínica de repouso, numa pessoa inválida ou enferma, e fazer algo mais por essas pessoas, como disse aquele Sublime Sábio: "Faze a outrem aquilo que desejas te seja feito", porque a Terapia do Beijo está indicada para todos nós, para todas as pessoas, sempre que se fizer necessário, pois o beijo é um ato de Amor.

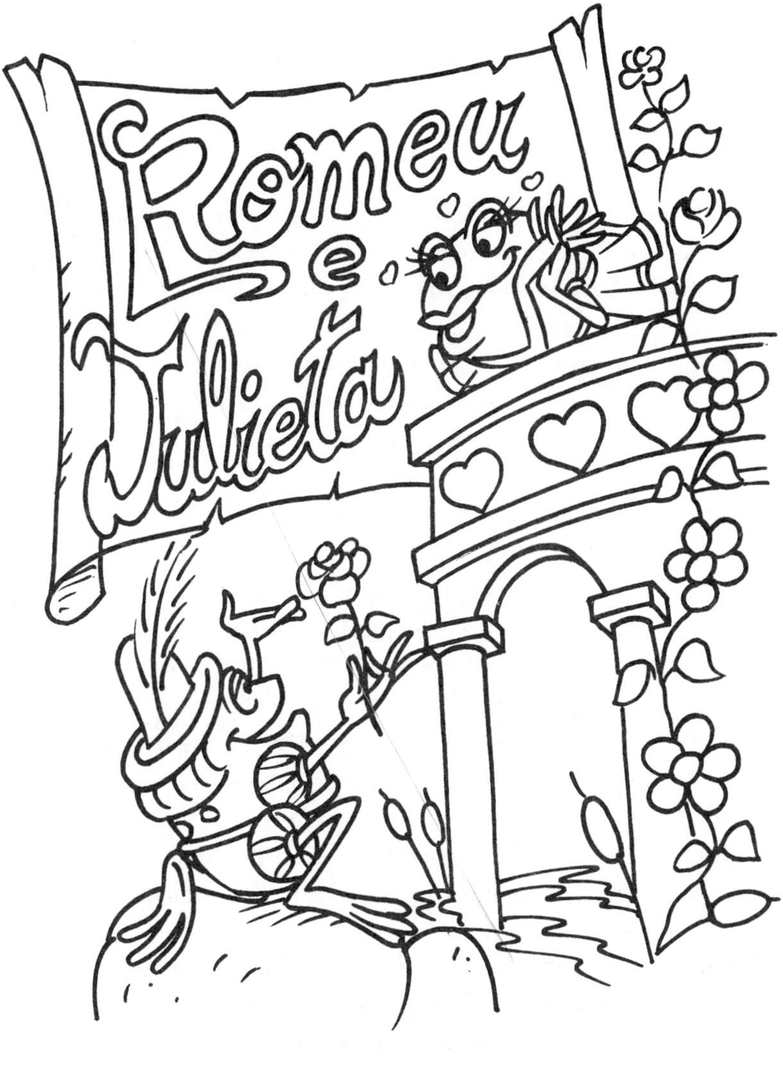
Romeu
e
Julieta

Romeu e Julieta

Shakespeare foi muito feliz ao dar um toque eternizante ao beijo, e como vale a pena recordar o que é bom na vida, recordemos:

Romeu: Meu coração já amou? Ele diz que ignora
Pois nunca viu beleza antes de agora.
Se profanei com minha indigna mão este santuário,
Eis a pena que desejo: meus lábios, ruborizados peregrinos,
prontos estão para suavizar tão rude toque com terno beijo.

Julieta: Peregrino, com tuas mãos és injusto
embora mui devotas elas sejam.
Peregrinos tocam as santas a muito custo
e, palma contra palma, elas se beijam.

Romeu: Santas e peregrinos têm lábios, não?

Julieta: Sim, peregrino, lábios que dizem orações.

Romeu: Então, santa adorada, que os lábios imitem as mãos
Que rezem unidos para que a fé não se torne desespero.

Julieta: As santas não se movem no recesso atendendo as orações.

Romeu: Então não te movas enquanto colho o fruto de minhas orações. Assim, através dos teus lábios, ficam os meus livres do pecado.

Julieta: O pecado dos teus lábios passou para os meus?

Romeu: O meu pecado? Culpa tão doce e bela?
Então devolva-me o meu pecado.

Nós nos beijamos porque nos amamos.

"Nós nos beijamos porque nos amamos."

O Autor

Formado em Medicina pela Universidade Federal de Juiz de Fora, Minas Gerais, o dr. Eduardo Lambert também é pós-graduado em Homeopatia pela Associação Paulista de Homeopatia e especialista em Terapias Holísticas. Por sua experiência em clínica geral, homeopatia, bioenergização, nutrição, medicina ortomolecular, relaxamento e outras terapias holísticas, o dr. Lambert é freqüentemente convidado para apresentar seus trabalhos em congressos e encontros da área médica e de saúde, além de dar entrevistas para programas de rádio e TV e para jornais e revistas como *Jornal da Tarde*, *Metrô News*, *Marie Claire*, *Claudia*, *Nova Era* e outros.

    Consultório: Rua Loefgreen, 1.021 — Vila Mariana
              São Paulo — Capital — CEP 04040-030
               Tels.: (11) 5572 1811 — 5083 8446 —
               5573 8453
               Fax.: (11) 5571 0045
               E-mail: edualambert@hotmail.com

Outras Obras do Autor

Matéria Médica e Terapia Floral do Dr. Bach, Editora Pensamento, São Paulo.
Os Estados Afetivos e os Remédios Florais do Dr. Bach, Editora Pensamento, São Paulo.
A Terapia do Riso, Editora Pensamento, São Paulo.
Pensamentos de Luz, Editora Pensamento, São Paulo.